DIE
2BEKNOWN
ELEVATOR
PITCH

**Wie Sie sich und Ihr Geschäft in
nur einem Satz hochinteressant vorstellen!**

WWW.2BEKNOWN.DE

„Wir zeigen Ihnen, wie Sie immer und überall mit Spass und Niveau neue Geschäftspartner kennenlernen."

„Das Leben ist wie ein Fahrrad…
man muss sich vorwärts bewegen,
um das Gleichgewicht nicht zu verlieren."

Albert Einstein
dt.-amerikan. Physiker, 1921 Nobelpreis für Physik
1879 – 1955

INDEX

Vorwort   10

Der alte Hut   14

Totgequatscht   15

WO? WANN? WEM?   16

Perfektion   18

Die besten Gründe für die Arbeit
an der persönlichen Elevator Pitch   20

GRUNDLAGEN FÜR DIE ERSTELLUNG
EINER „ELEVATOR PITCH"   22

Seien Sie sich darüber bewusst,
was Sie erreichen wollen!   22

Kennen Sie Ihre Zielgruppe?   23

Lösen Sie ein Problem   24

Länge   25

Bleiben Sie am Ball   26

Seien Sie besonders   27

Zeigen Sie Gefühl   28

Bleiben Sie authentisch   29

Selbstbewusstsein als
Schlüssel zum Erfolg   30

ÜBEN, ÜBEN, ÜBEN   31

IN 4 EINFACHEN SCHRITTEN
ZUR PERFEKTEN ELEVATOR PITCH   35

Schritt 1:
Ermitteln Sie Ihr Alleinstellungsmerkmal   36

Schritt 2:
Verursachen Sie Schmerz oder Freude   38

Schritt 3:
Befriedigen Sie Bedürfnisse   40

Schritt 4:
Follow Up   41

Die 2BEKNOWN Checkliste   43

Die 5 besten Proftipps
für Ihre Elevator Pitch   46

DIE BESTEN, EINFALLSREICHSTEN,
UNGEWÖHNLICHSTEN UND
LUSTIGSTEN PITCH-SÄTZE   48

Allgemein   48

Nahrungsergänzung   50

Mode   52

Einkaufen/Shoppen   53

Reinigung/Putzen   54

Spiel/Fun/Lotto   55

Tiernahrung   55

Finanzen/Immobilien   56

Wasser   57

Internet   57

Kosmetik   58

Schmuck/Energieschmuck   59

Abnehmen   60

Gold   61

ABSCHLUSS   62

VORWORT

Sehr geehrter Leser,

bevor wir zusammen an Ihrer perfekten Geschäftsvorstellung arbeiten, möchte ich Ihnen eine Frage stellen:

„Was tun Sie?"

„Was? Äh… Ja… So äh… Privat meinen Sie?
Oder beruflich? Äh…."

So oder so ähnlich sehen die häufigsten Antworten aus. Die meisten Menschen kommen schon bei solch einfachen Fragen total aus dem Gleichgewicht.

Doch im MLM und im Strukturvertrieb ist es bei der Kontaktaufnahme zu neuen potentiellen Geschäftspartnern und Kunden extrem wichtig, einen guten Einstieg zu haben.

Wenn es Ihnen nicht gelingt, sofort Interesse bei Ihrem Gegenüber zu wecken, dann haben Sie erst einmal verloren.

Dieses Buch soll Ihnen dabei helfen, eine effiziente und interessante Elevator Pitch zu erstellen, die genau die Wirkung erzielt, die Sie sich wünschen: Interesse und Begeisterung.

Eines der wichtigsten Dinge, die jemand in der Geschäftswelt lernen kann – insbesondere jemand, der im Verkauf tätig oder der Besitzer eines Unternehmens ist - ist zu lernen, wie man mit anderen über sich selbst und sein Geschäft spricht. Einzigartige Aspekte seines Angebots oder Produkts für das Gegenüber interessant und spannend zusammenzufassen, sollte hier eine fundamentale Fähigkeit sein.

Die meisten Geschäftsleute jedoch kümmern sich nicht um die Entwicklung einer Elevator Pitch, der kurzen, prägnanten Zusammenfassung dessen, was ihre Firma macht oder tut.

Doch die Elevator Pitch ist viel zu wichtig, als dass man sie übergehen könnte. Sie ist eine der effektivsten Methoden, um neue Käufer und Mitarbeiter mit einer gewinnenden Message zu überzeugen.

Das Online Lexikon Wikipedia definiert die Elevator Pitch wie folgt:

Elevator Pitch ist ein kurzer Überblick einer Idee für ein neues Produkt, eine Dienstleistung oder ein Projekt und bedeutet „Aufzugspräsentation". Die Bezeichnung stammt daher, dass die Pitch (das Verkaufsgespräch) in der kurzen Zeit einer Fahrstuhlfahrt (ca. 30 Sekunden) durchgeführt werden kann. In den 1980er-Jahren nutzten junge karriereorientierte Vertriebler die Dauer einer Aufzugsfahrt, um ihre Vorgesetzten von ihren Anliegen zu überzeugen.

Der Begriff wird heute typischerweise im Kontext von Unternehmern benutzt, die ihre Idee mit dem Ziel, finanzielle Mittel zu akquirieren, vor potenziellen Geldgebern (z.B. Risikokapitalgeber) präsentieren. Diese bewerten die Qualität einer Idee und des Gründungsteams oft auf Basis der Qualität der Elevator Pitch, um somit unzureichende Ideen schnell auszusondern.

Wesentlich bei der Elevator Pitch ist die herausstechende Präsentation durch gedankliche Bilder, Vergleiche und Beispiele gemäß der AIDA-Formel (Attention-Interest-Desire-Action). Gerade in der heutigen Zeit knapper Zeitbudgets nimmt die Anwendbarkeit einer knackigen 30-Sekunden Präsentation zu.

Bei der Vorbereitung sollte man die Ziele der Elevator Pitch, den relevanten Markt, die Zielgruppe und die Besonderheit der eigenen Produkte oder Dienstleistungen im Vergleich zu den Wettbewerbern analysieren und festlegen.

Für den Erfolg einer Elevator Pitch zählen aber nicht nur Daten und Fakten, entscheidend ist die emotionale Ansprache. Bei der Entscheidungsfindung unterscheidet man die emotionale und die rationale Ebene. Genauso, wie ein Eisberg zu 1/7 aus dem Wasser ragt und zu 6/7 unter der Wasseroberfläche verborgen ist, verhält sich das Verhältnis rationaler zu emotionaler Entscheidung, d.h. 1 zu 6.

Das gute Gefühl wird beim Gesprächspartner durch eine bildhafte Sprache, die positive Assoziationen weckt, die Körpersprache und die Stimme erreicht.

Wir wollen uns in diesem Buch nicht von irgendwelchen Definitionen abschrecken lassen, sondern zusammen herausfinden, wie Sie den größten Nutzen aus einer gelungenen Elevator Pitch ziehen können.

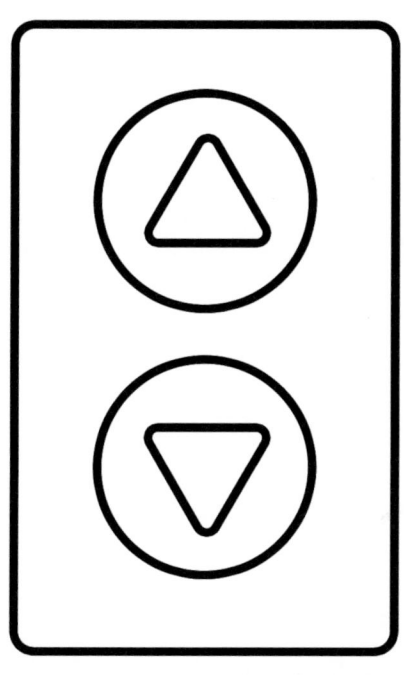

UP<|>DOWN?

Der alte Hut

Wenn Sie über Ihr Geschäft sprechen, und Ihr Gegenüber bekommt glasige Augen oder fängt an zu gähnen, dann hören Sie bitte auf weiterzureden!

Wenn die Menschen zum zehntausendsten Mal das Gleiche zu hören bekommen, wie „Ich biete 2000 Euro im Nebenberuf" oder „Arbeiten von zuhause aus" oder „Finanzielle Freiheit, unabhängig werden" etc…, dann wird schneller abgeschaltet, als Sie den Satz zu Ende bringen können.

TIPP:
Geben Sie doch einmal Begriffe wie „Finanzielle Freiheit" oder „Geldmaschine" in Ihre Internet-Suchmaschine ein.

Dann wissen Sie, was Sie auf KEINEN Fall sagen sollten.

Seien Sie einfach kreativ! Viele Networker wundern sich darüber, dass sie negative Reaktionen bei ihren Mitmenschen hervorrufen und in eine „Schublade" gesteckt werden.

Und das ist auch logisch. Denn wer ein Klischee bedient, der wird auch mit den typischen Reaktionen zu kämpfen haben.

Versuchen Sie sich doch mit Sätzen wie:

„Ich bin dafür zuständig, Teams aufzubauen, die dauerhaft erfolgreich zusammenarbeiten."

Das klingt a) interessant und b) provoziert weitere Fragen, was Sie denn genau tun. Wie Sie auf solche Fragen gekonnt antworten, erfahren Sie im hinteren Teil dieses Buches.

Totgequatscht

Nach unseren Erfahrungen machen viele Networker den Fehler, dass Sie ihre Gesprächspartner einfach „vollquatschen".
Und das ohne Rücksicht auf Verluste.

Es gibt Menschen, die eine halbe Stunde von sich, ihrer Firma und ihren Produkten sprechen, ohne den anderen zu Wort kommen zu lassen.

Dabei vergessen sie die wichtigsten Grundregeln der Kommunikation:

- Stellen Sie den Menschen Fragen!

- Hören Sie zu!

- Halten Sie den Mund und lassen Sie den anderen Erzählen! Egal, wie gerne Sie sich selbst reden hören.

Diese einfachen Regeln zu beachten, bringt Sie immer weiter als selbst andauernd auf Ihr Gegenüber einzureden. Wenn Sie Fragen stellen und zuhören, dann machen Sie sich sympathisch und erfahren gleichzeitig, wie Sie das Interesse Ihres Gesprächspartners wecken können.

TIPP:
Finden Sie durch Fragen und aktives Zuhören heraus, welches Bedürfnis Ihr Gegenüber hat, das Sie mit Ihrem Geschäft befriedigen können. Merken Sie sich dieses Detail und greifen Sie es nach Möglichkeit in Ihrer Elevator Pitch auf.

WO? WANN? WEM?

Natürlich können Sie Ihre Elevator Pitch wörtlich nehmen und Sie nur im Aufzug benutzen, um bei Ihrem Gegenüber Interesse für Ihr Geschäft zu wecken.

Normalerweise erweist sie sich als sehr nützlich, wenn Sie einen Direktkontakt durchführen, an einem Event teilnehmen oder eine Party oder ähnliche Veranstaltung besuchen, wo sich Kontaktmöglichkeiten ergeben.

Sie werden feststellen, dass eine der ersten Fragen, die Ihnen Menschen stellen, die schon am Anfang genannte ist: „Und was tun Sie?"

„Oh… ich bin im Vertrieb … oder ein Verkäufer … oder ich bin Personalmanager … im Empfehlungsgeschäft …"

Das macht nichts, denn die Menschen werden häufig einfach sagen: „Ah… interessant."

Und dann werden sie Sie mit all den Stereotypen in ihren Köpfen verbinden, die sie mit Ihrem Berufsfeld aufgebaut haben.
Frei nach dem Motto: Uninteressant!

Wenn Sie jedoch antworten: „Ich arbeite mit kleinen Unternehmen zusammen, die sich mit Computerproblemen herumschlagen", dann — insbesondere wenn Ihr Gegenüber Unternehmer ist — werden die Ohren gespitzt und er will mehr wissen.

Der Grund, warum ich Ihnen vorschlage, an Ihrer Pitch zu arbeiten und diese in Ihr Repertoire aufzunehmen, ist, dass unsere natürliche Reaktion auf die Frage „Was tun Sie?" in den häufigsten Fällen mit einem Klischee beantwortet wird.

Während beim anderen schon die Augen glasig werden, fahren Sie damit fort, Prozesse und Arbeitsweisen zu beschreiben, anstatt die Vorteile aufzuzeigen, die derjenige hat, wenn er mit Ihnen zusammenarbeitet.

Anstatt sich als „Problemlöser" oder „Chancengeber" zu positionieren, präsentieren Sie sich über Ihre Berufstätigkeit.

Die 2BEKNOWN Elevator Pitch ist folgende:

„Wir zeigen Ihnen, wie Sie immer und überall mit Spass und Niveau neue Geschäftspartner kennenlernen."

Klingt das interessant für Sie als MLMer oder Networker? Natürlich! Denn ich biete Ihnen eine Lösung für Ihr Problem. Und das auf einem niveauvollen, spassigen Weg!

Perfektion

Je häufiger Sie Ihre Elevator Pich vortragen, desto besser wird sie auch.

Sie werden so viel Spass dabei haben, die unterschiedlichen Reaktionen auf das Gesagte zu beobachten, dass es Ihnen immer einfacher fallen wird, Enthusiasmus und Begeisterung hinzuzufügen.

Seien Sie nicht enttäuscht, wenn Ihre Pitch anfangs nicht galant, easy und natürlich ankommt. Bleiben Sie dabei, arbeiten Sie am Feinschliff und bald werden Sie ein überraschendes Feedback bekommen – oder zumindest die Nummern von Gesprächspartnern, die mit Ihnen in Kontakt bleiben wollen.

Zudem werden Sie als „sehr interessante Person" in Erinnerung bleiben.

Eine perfekte Elevator Pitch lässt sich nicht zu Hause im stillen Kämmerlein und innerhalb von fünf Minuten entwickeln. Sie entsteht über Tage, Monate und Jahre hinweg, verändert sich mit Ihrem Geschäft und Ihrer Persönlichkeit.

Beginnen Sie jetzt einfach damit, sich eine Elevator Pitch zu erstellen, testen Sie die Alternativen und finden Sie die für Sie am besten passende.

TIPP:
Auch Ihre Produkte können eine Elevator Pitch haben. Zum Beispiel dieses Buch:

„Dieses Buch hilft Ihnen dabei, Ihre eigene Geschichte den Menschen zu erzählen, die sie hören sollen."

Oder ich greife auf den Untertitel zurück:

„Dieses Buch zeigt Ihnen, wie Sie sich und Ihr Geschäft in nur einem Satz hochinteressant vorstellen."

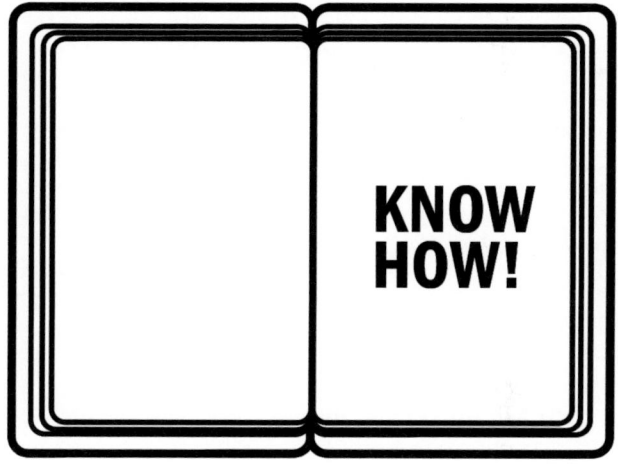

Die besten Gründe für die Arbeit an der persönlichen Elevator Pitch

Wie im Sport und überall in der Wirtschaft nimmt die Vorbereitung einen großen Stellenwert ein.

Genauso verhält es sich auch mit Ihrer Elevator Pitch. Deshalb ist es unbedingt erforderlich, dieser Aufgabe die nötige Zeit und Aufmerksamkeit zu widmen.
Denn eines ist sicher: Es lohnt sich!

Die Elevator Pitch muss klar, dramatisch und interessant genug sein, dass Ihr(e) Zuhörer nach mehr Informationen fragt/fragen.

Solch eine Ansprache sollten Sie so tief in Ihrem Gedächtnis verankern, dass Sie, wenn Sie jemand mitten in der Nacht mit der Frage was Sie tun aus dem Schlaf reißt, ganz entspannt und ohne Zögern Ihre Elevator Pitch vortragen.

TIPP:
Ein anderer wichtiger Bestandteil ist, dass Ihre Ansprache natürlich und dialogorientiert ist. Sie soll Ihr Gegenüber dazu anregen, Fragen zu stellen.

„Ich bin ein Fruchtikuss" klingt für einen Nahrungsergänzungsvertrieb immer noch interessanter, als die klassischen Sprüche von der „nebenberuflichen Karriere".

GRUNDLAGEN FÜR DIE ERSTELLUNG EINER „ELEVATOR PITCH"

Seien Sie sich darüber bewusst, was Sie erreichen wollen!

Das erste Ziel eines jeden Treffens ist es, ein zweites herbeizuführen (um über das betreffende Geschäft und die damit verbundenen Möglichkeiten zu sprechen). In der meist kurzen Zeit die Sie haben, wollen Sie einen Weg finden, um Interesse zu wecken und hervorzuheben, was Ihr Angebot einzigartig macht.

Fangen Sie nicht im Detail an, sondern malen Sie das ganze Bild.

Denken Sie an die großen Aussagen und Messages, die Ihnen dabei helfen, Ihre Person und/oder Ihr Unternehmen herauszustellen.
Stellen Sie zudem sicher, dass Ihre Pitch der Situation angepasst und für Ihr Gegenüber relevant ist. (Bieten Sie bitte keinem Dax-Vorstand eine nebenberufliche Chance sondern eine „gewinnbringende Partnerschaft" an!)

TIPP:
Wenn Sie mit der Erstellung Ihrer Elevator Pitch beginnen, stellen Sie sich folgende Frage: Will ich einen Kunden, Mitarbeiter oder Geschäftspartner gewinnen? Und gibt es eine Möglichkeit, im ersten Satz alle Personengruppen anzusprechen?

Kennen Sie Ihre Zielgruppe?

Ihre Elevator Pitch wird um so verlockender, je besser Sie Ihre Zielgruppe und deren Bedürfnisse kennen.

Es gibt so vieles, was Sie über die Möglichkeiten Ihres Geschäftes sagen könnten, und Sie könnten versucht sein, nur das zu verraten, was in der Vergangenheit funktioniert hat.

Natürlich sind Sie von dem was Sie zu bieten haben, begeistert, von den Produkten, den Dienstleistungen und den Chancen die Sie bieten.

Das Gegenüber ist jedoch am meisten daran interessiert, welche Vorteile es ihm bringt. Auch wenn der Gesprächspartner anscheinend interessiert ist, kann es sein, dass er einfach nur höflich ist und an etwas völlig Anderes denkt.

TIPP:
Verbringen Sie nicht zu viel Zeit damit, Ihre eigenen Errungenschaften herauszustellen, wenn diese keinen direkten Nutzen für Ihre Zuhörer bieten. Von Ihren Leistungen können sich die Menschen immer noch überzeugen, wenn Sie bei Ihnen eingestiegen sind.

Lösen Sie ein Problem

„Wir zeigen Ihnen, wie Sie immer und überall mit Spass und Niveau neue Geschäftspartner kennenlernen."

Haben Sie genug Geschäftspartner in Ihrer Downline? Oder hätten Sie gerne mehr?
Mit unserem Angebot und unserer „Elevator Pitch" lösen wir mit der 2BEKNOW-Methode ein Problem. Dieses haben wir natürlich auch in unserer Pitch aufgegriffen.

Das meiste Geld auf dieser Welt verdienen die Menschen, die ein Problem für andere lösen.

Ihre eigene Pitch darf keine reine Aneinanderreihung Ihrer Fähigkeiten oder Produktvorteile sein. Konzentrieren Sie sich auf ein konkretes Problem, das Sie für den Zuhörer lösen können – und das möglichst spezifisch.

TIPP:
Denken Sie doch einfach darüber nach, welches Problem der Einstieg in Ihr MLM für Sie persönlich gelöst hat

Wenn Ihr Gegenüber die Frage stellen muss: „Und wie hilft mir das?" oder „Warum sollte mich das interessieren?", sind Sie noch zu wenig auf sein Problem eingegangen.

Länge

Halten Sie es kurz, einfach und prägnant.

Ein oder zwei Sätze reichen aus, um den Nutzen für Ihr Gegenüber auszudrücken und Neugier zu wecken. Die meisten Menschen haben eine sehr kurze Aufmerksamkeitsspanne und wenn Sie zu viel reden, schaltet Ihr Gegenüber einfach ab. Um die gewünschte Wirkung zu erzielen, sind auch etwas Schauspielerei und Enthusiasmus gefragt.

TIPP:
Ein oder zwei interessante und mit Begeisterung vorgetragene Sätze bewegen die Menschen mehr als ein ganzer lagweiliger, emotionsloser Vortrag.

Der Satz „Ich bringe (andere) Frauen dazu, sich um meine Produkte zu schlagen." ist ein interessanter Einstiegssatz, wenn Sie z.B. im Jeans- oder Modevertrieb tätig sind.

Bleiben Sie am Ball

Jedes Geschäft wächst und verändert sich, und so muss sich auch ständig Ihre Elevator Pitch verändern. Sie können das tollste Logo, die chicsten Visitenkarten und eine topaktuelle Website haben, aber wenn sich Ihre Elevator Pitch anhört, als wäre sie aus dem letzten Jahrhundert, verpassen Sie eine der wichtigsten Möglichkeiten, sich zu „branden" (als Marke zu positionieren).

TIPP:
Sie kennen Ihr Geschäft besser als jeder andere. Haben Sie neue Produkte, Wettbewerbe oder interessante Maßnahmen in Ihrem Unternehmen, die für andere interessant sind?

Genauso wie sich die Bedürfnisse und Erwartungen Ihrer Zuhörer verändern, müssen auch Sie die Art und Weise verändern, wie Sie über Ihr Geschäft sprechen.

Ihr Geschäft und dessen Möglichkeiten zu kennen, ist die eine Sache, aber wie vermitteln Sie Spannung und erzeugen Interesse außerhalb Ihrer Organisation? Was stellen Sie in den Vordergrund? Was lassen Sie aus?

Als Beispiel:
„Meine Geschäftspartner und ich etablieren ein europaweites Franchisesystem mit ökologisch produzierten und gesunden Nahrungsmitteln."

Seien Sie besonders

Zeigen Sie aktuelle Beispiele auf, warum Sie etwas Besonderes zu bieten haben.

Sprechen Sie über das was Sie oder Ihr Unternehmen für andere getan haben, was die Produkte im Leben von anderen bewirkt haben und welche scheinbar unlösbaren Probleme gelöst wurden.

Beachten Sie dabei immer, dass die Erklärung sowohl ein Kind als auch eine Großmutter verstehen sollte.

TIPP:
Nutzen Sie diese „besonderen" Eigenschaften auch für Ihre Flyer und Visitenkarten.

Zeigen Sie Gefühl

Entgegen der weit verbreiteten Meinung, sprechen Fakten doch nicht immer für sich. Sie können zwar etwas bewegen, aber es braucht mehr, um jemanden zu motivieren, etwas zu tun.

Lassen Sie Ihren Gesprächspartner Ihre Überzeugung fühlen. Nutzen Sie dafür Ihre Stimme und Körpersprache. Halten Sie Augenkontakt und treten Sie selbstbewusst und bestimmt auf.

Eine Elevator Pitch ist keine neutrale Aufzählung von Fakten. Wenn Sie jemanden bewegen wollen, müssen Sie ihm vermitteln, dass es Ihnen wichtig ist.

Bleiben Sie authentisch

Sagen Sie nichts, womit Sie sich unwohl fühlen. Bleiben Sie authentisch und übertreiben Sie nicht. Wenn Sie selbst kein mehrfacher Millionär sind und die passende, extrovertierte Persönlichkeit haben, dann lassen Sie Sprüche wie „Ich mache Millionäre" bitte weg. Wenn Sie nicht das sind, was Sie sagen, dann merken das die Menschen.

Pitches wie: „Ich zeige anderen Menschen, wie sie auf außergewöhnlichem Weg mehr Freude in ihr Leben bringen" oder „Ich arbeite für einen Konzern, der sich für die Gesundheit der Menschen einsetzt", bringen Sie in den meisten Fällen viel weiter als irgendwelche unglaubwürdigen Übertreibungen a la Millionärsmacher.

Stellen Sie Ihr Können, Wissen, Ihre Möglichkeiten heraus und bieten Sie dem Gegenüber einen Nutzen. Übertreibungen sind hier erlaubt, sollten sich jedoch im Rahmen bewegen.

TIPP:
Heutzutage sind die meisten Menschen aufgeklärt und informiert. Aussagen wie „Geld ohne Arbeit" oder „Geld geschenkt", „einfach reich werden" etc. führen eher zu Lachern und wirken unseriös. An solche Märchen glauben nur die wenigsten.

Selbstbewusstsein als Schlüssel zum Erfolg

Die Vorbereitung ist der erste Schritt zum selbstbewussten Auftritt und zur perfekten Elevator Pitch, denn:

Die Chance auf einen positiven ersten Eindruck bekommt man nur ein einziges Mal!

Zollen Sie Ihrer Zuhörerschaft dadurch Respekt, dass Sie gut vorbereitet sind! Das beinhaltet auch, dass Sie auf die härtesten Fragen oder Aussagen eine adäquate Antwort parat haben sollten.
Zu diesen zählen:

- „Ist das ein Schneeballsystem?"
- „Da verdienen nur die obersten!"
- „Ist das auf Provisionsbasis?"
- „Muss ich da verkaufen?"
etc…

Bereiten Sie sich auf diese Fragen vor und seien Sie sich sicher: Im Laufe des Gesprächs werden solche Aussagen auftauchen.

Gehen Sie selbstbewusst auf diese Einwände ein. Häufig „testen" andere durch gezielte Fragen Ihre Position und Überzeugung für die Sache (z.B. Ihre Elevator Pitch).

TIPP:
Trainieren Sie Ihre Pitch und ganze Gesprächsteile zuhause vor dem Spiegel. Halten Sie Augenkontakt und achten Sie auf eine aufrechte Körperhaltung. LÄCHELN!

ÜBEN, ÜBEN, ÜBEN

Klares Sprechen zeugt von klarem Denken. Benutzen Sie Ihre Elevator Pitch so häufig wie möglich. Holen Sie sich Feedback von Ihrem Mentor, Ihrer Familie, Freunden und Geschäftspartnern und verbessern Sie sowohl den Text als auch Ihren Vortrag.

Nach kürzester Zeit sind Sie dann in der Lage, auch fremden überzeugend Ihre „Message" zu vermitteln.

Wenn Sie den Menschen beim Spritsparen helfen, könnte der erste Satz Ihrer Elevator Pitch folgender sein:
„Ich kämpfe mit ökologischen Lösungen gegen die Mineralölkonzerne."

Üben Sie die Präsentation einige Male, bevor Sie anderen eine so progressive Pitch vortragen.

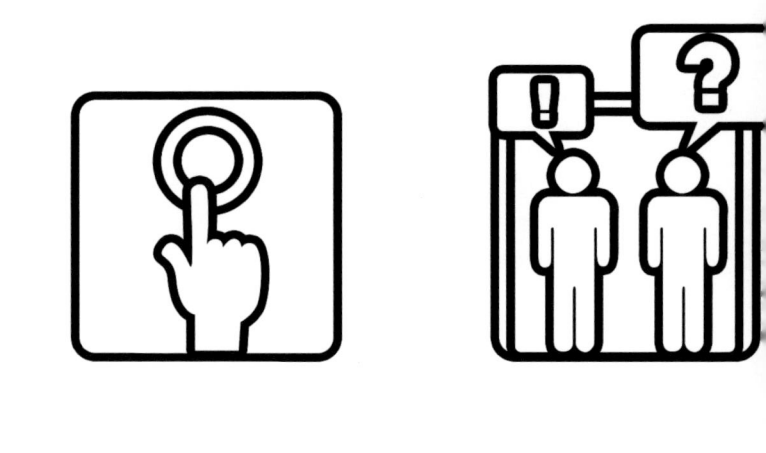

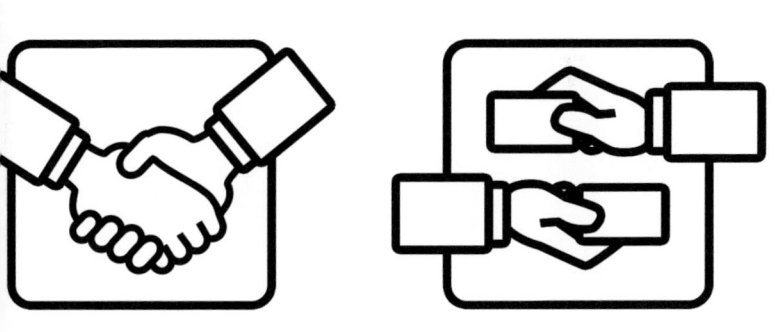

IN 4 EINFACHEN SCHRITTEN ZUR PER-FEKTEN ELEVATOR PITCH

In diesem Kapitel machen wir uns daran, Ihre persönliche Elevator Pitch zu erstellen.
Dieser Vorgang findet in den folgenden 4 Schritten statt:

Schritt 1:
Ermitteln Sie
Ihr Alleinstellungsmerkmal

Schritt 2:
Verursachen Sie Schmerz
oder Freude

Schritt 3:
Befriedigen Sie Bedürfnisse

Schritt 4:
Follow Up

Schritt 1:
Ermitteln Sie
Ihr Alleinstellungsmerkmal

In der Welt des Marketing heißt das Alleinstellungsmerkmal USP und steht für Unique Selling Preposition (auch: einmaliges Verkaufsargument).

Denken Sie nochmals an die extrem kurze Aufmerksamkeitsspanne der Menschen. Ihre Aufgabe ist es, in möglichst kurzer Zeit beim Anderen einen „Aufhänger" für ein interessantes Gespräch zu finden.

Eine USP zu entdecken, ist der wichtigste Schritt für Ihr gesamtes Geschäft. Deshalb ist es unbedingt notwendig, dass Sie sich folgende Fragen stellen und diese schriftlich beantworten:

- Wodurch unterscheidet sich mein Produkt/meine Dienstleistung von der Konkurrenz und macht es damit einzigartig?

- Was macht das, was ich anbiete so besonders?

- Was kann ich besonderes, dass mein Gegenüber bei mir einsteigen oder kaufen soll?

- Welchen Wert kann ich den Menschen vermitteln?

- Wie kann ich einen Nutzen bringen?

- Welche Nische decke ich ab?

- Für welche Probleme biete ich eine Lösung?

Wenn Sie Ihr Alleinstellungsmerkmal gefunden haben, dann haben Sie es fast schon geschafft!

Viele große Konzerne investieren Unsummen in hochka-rätige Marketingabteilungen, nur um die Kernaussage des Unternehmens herauszufinden, um diese dann nach au-ßen zu vermitteln.

Die USP ist sozusagen der „kleinste gemeinsame Nenner" eines ganzen Unternehmens.

Notieren Sie sich alle Ideen, seien Sie kreativ, verrückt und suchen Sie völlig vorurteilsfrei nach Möglichkeiten, Ihr Vorhaben zu beschreiben und auszudrücken.

TIPP:

Wechseln Sie die Perspektive! Schlüpfen Sie in die Rolle Ihrer Kunden und Geschäftspartner und erkunden Sie neue Blickwinkel. Wie wirken Sie, wie wirkt Ihr Unternehmen nach außen? Was hat eine Person kurz-, mittel- und lang-fristig davon, bei mir einzusteigen und/oder Produkte zu kaufen?

7

Schritt 2:
Verursachen Sie Schmerz oder Freude

Seien Sie sich darüber bewusst, dass Menschen aus zwei Gründen anfangen zu handeln: Schmerz und Freude.

Wenn Sie jemandem Schmerz zufügen oder diesen zumindest androhen, dann motivieren Sie ihn, etwas zu tun.
Wenn Sie jemandem eine Freude machen oder eine Belohnung in Aussicht stellen, motivieren Sie ihn dazu, sich in die Richtung zu bewegen, die Sie vorgeben.

Beispiel 1:
Die Elevator Pitch „Ich helfe der Babyboomergeneration dabei, die Herausforderung anzunehmen, schlank, fit und gesund zu sein. Die Ergebnisse sind dabei wirklich überwältigend." arbeitet mit der in Aussicht gestellten Belohnung auf größere Muskelmasse, Knochenstabilität, Stärke und Leistungsfähigkeit (z.B. wenn Sie Nahrungsergänzungen vertreiben).

Beispiel 2:
Mit dem Satz „Ich helfe jungen Menschen dabei, sich so günstig zu positionieren, dass sie im Alter nicht im Regen stehen." drohen Sie indirekt an, dass Ihr Gegenüber Schmerzen erleiden könnte.
(z.B. wenn Sie Vorsorgeprodukte verkaufen)

Da Sie nur vage Aussagen machen und vorenthalten, was GENAU Sie tun, provozieren Sie Fragen und erzeugen damit Interesse.

TIPP:

Geben Sie den Menschen „Zuckerbrot und Peitsche"!
Verbinden Sie doch wie im ersten Beispiel Schmerz mit
der in Aussicht gestellten Belohnung. Viele Menschen
mittleren Alters fühlen sich nicht wohl in ihrem Körper und
bemerken, dass das Alter langsam seine Spuren hinter-
lässt (Schmerz).

Schlank, fit und vital zu sein ist in diesem Falle eine groß-
artige Belohnung (Freude).

Schritt 3:
Befriedigen Sie Bedürfnisse

Bedürfnisse zu befriedigen ist die Grundlage eines jeden Marketingplans.

PROBLEM:
Beginnen Sie mit einem Schlagwort als Eröffnung, das Ihre Zuhörer mit einem Problem konfrontiert.

VERSPRECHEN:
Wenn Sie Aufmerksamkeit erzeugt haben, erklären Sie, dass Sie die Lösung für das Problem haben. (Nicht den Prozess, sondern nur, dass Sie die Lösung haben!)

BEWEIS:
Konzentrieren Sie sich auf Beweise und Belege, wie wissenschaftliche Untersuchungen, Garantien, Referenzen o.ä., die Ihnen helfen, Ihre Aussagen zu untermauern. Tipp: Prominente und Stars, die Werbung für Ihr Unternehmen machen sind für viele Menschen Beweis genug. :-)

PREIS:
Diesen Teil sollten Sie sich für das Follow Up aufheben. Wenn Sie jemandem etwas verkaufen oder ihn als Partner gewinnen wollen, dann ist es häufig sinnvoll, das auch zu kommunizieren. Die Menschen wollen geführt werden. Aber kaum jemand bewegt sich, ohne dass Sie aussprechen, was Sie wollen oder erwarten. Und wenn Sie etwas verkaufen, dann nennen Sie auch den Preis.

Schritt 4:
Follow Up

Nun haben Sie sich über einige Zeit eingehend mit Ihrem Unternehmen, Ihrer Person, Vorteilen, Nachteilen und allen möglichen Aspekten beschäftigt.
Durch diese Tätigkeit haben Sie, ohne es zu merken, die ganze Zeit auch an Schritt 4 gearbeitet.

Nachdem Sie Ihre „Elevator Pitch" präsentiert haben, ist es ja (wenn Sie Schritt 1-3 absolviert haben) unter normalen Umständen noch nicht vorbei. Jetzt geht es erst richtig los! Ihr Gegenüber sollte jetzt interessiert sein und Fragen stellen, „worum genau" es denn geht.

Nutzen Sie Ihre Notizen als Referenz, überlegen Sie sich sympathische und interessante Antworten auf verschiedenste Fragestellungen, um Ihr Gegenüber davon zu überzeugen, dass er einen außergewöhnlich interessanten Kontakt kennen gelernt hat.

Wenn Ihre Elevator Pich überzeugend war, haben Sie die Gelegenheit, weitere Aspekte Ihrer Person/Ihres Geschäftes zu präsentieren. Verraten Sie in diesem ersten Gespräch nicht zu viel und nicht zu wenig. Mit der Zeit bekommen Sie ein Gespür dafür, wie Sie größtmögliches Interesse erzeugen können und wie sich der andere unbedingt erneut mit Ihnen treffen will.

TIPP:
Das „Follow Up" ist ein Teil der gesamten Elevator Pitch.

Die 2BEKNOWN-Checkliste

Wenn Sie Ihre „Elevator Pitch" erstellt haben, dann nutzen Sie doch folgende Checkliste, um eine letzte theoretische Prüfung abzuschließen.

Diese Liste wird Ihnen dabei helfen, die Stellen zu finden, die noch etwas Aufmerksamkeit und Veränderung erfordern. Erinnern Sie sich auch daran, dass eine Elevator Pitch nie wirklich fertig ist und immer weiter verbessert werden kann.

Probieren Sie sich auf Veranstaltungen, beim Direktkontakt und überall sonst aus. Fügen Sie Teile hinzu oder lassen Sie etwas weg, seien Sie kreativ und vielleicht auch einmal etwas unverschämt.
Eines verspreche ich Ihnen: Sie werden irgendwann Ihre „Gewinner-Pitch" finden und die Menschen werden sich darum reißen, mit Ihnen Geschäfte machen zu dürfen.

Habe ich Ergebnisse statt Produkte oder Prozesse hervorgehoben?

Potentielle Kunden/Geschäftspartner sind nicht daran interessiert, was Sie tun oder wie Sie es tun. Sie sind interessiert, welchen Vorteil sie davon haben.

Habe ich es kurz, einfach, konkret und prägnant gehalten?

Verwenden Sie zum Einstieg maximal 1-2 Sätze. Wenn Ihr Gegenüber den Augenkontakt verliert oder gar Ihre Pitch unterbricht, dann sagen Sie zuviel.

Habe ich klar meine Zielgruppe bekundet?

Wer auch immer Ihre Elevator Pitch hört, sollte wissen, mit wem Sie zusammenarbeiten, und erkennen, ob das Gegenüber zu dieser Gruppe gehört.

Komme ich bei meinem Gegenüber natürlich und Nutzenorientiert an?

Stellen Sie sicher, dass Sie so sprechen wie immer und die Worte benutzen, mit denen sie sich auch normalerweise ausdrücken.

Kann ich meine Elevator Pitch immer wiederholen?
(keine Zungenbrecher!)

Sorgen Sie dafür, dass Sie Ihre perfektionierte Pitch immer und immer wieder aufsagen können. Und auch, dass die Zuhörer das Gesagte wiederholen können, falls Sie dazu von anderen aufgefordert werden.

Habe ich die Gefühle meiner Zielgruppe beachtet?

Wenn Sie ein Problem Ihrer Zielgruppe lösen, dann sollten Sie die Gefühle aufgreifen, die dieses Problem auslöst.

Bin ich darauf vorbereitet, wenn meine Zuhörer mehr wissen wollen?

Seien Sie bereit, über die Versprechen, Beweise und Preise Auskunft zu geben.
Dieser Teil beinhaltet eine Wiederholung des Problems oder Versprechens mit einer kurzen Geschichte oder Erklärung. Wenn die Menschen wirklich interessiert sind,

können Sie danach gleich vorschlagen, das ein anderes Mal genauer zu erläutern und zu belegen.

Habe ich Spass dabei, wenn mein Gegenüber ehrliches und offenes Interesse zeigt?

Sie werden merken, ob die Menschen auf das „abfahren", was Sie zu bieten haben.
Halten Sie es trotzdem kurz und lassen Sie ein bisschen Spannung und Ungewissheit übrig.

Die 5 besten Proftipps für Ihre Elevator Pitch:

Der letzte Teil dieses Buches beschäftigt sich mit den Tipps von Profis aus PR, Marketing und den Medien, die ich für dieses Buch befragt habe.

Die wichtigsten 5 Tipps aus all diesen Gesprächen habe ich im Folgenden für Sie zusammengefasst:

TIPP 1:
Fangen Sie mit einem Aufhänger an, der dafür sorgt, dass die Leute mehr wollen.

Der „Aufhänger" ist der Teil der Elevator Pitch, der als erstes die Aufmerksamkeit der Zuhörer fangen soll. Denken Sie dabei an die Überschriften in Zeitungen, die den Leser dazu animieren sollen, den Beitrag zu lesen.

TIPP 2:
Passen Sie auf Ihre Worte auf.
Denken Sie daran, dass normalerweise der Zuhörer eine durchschnittliche Aufmerksamkeitsspanne von nur sieben bis neun Sekunden hat. Wenn Sie ihn bis zu diesem Zeitpunkt nicht interessieren können, ist er bereits in Gedanken woanders.

Verwenden Sie Worte, die bei Ihrer Zielgruppe eine Reaktion auslösen.

Vermeiden Sie klassische Werbeworte wie Qualität, Service, Kundenservice etc.! Bei diesen Worten hört kein Mensch mehr hin, weil sie schon so häufig wiederholt wurden. Ich denke, Sie wissen, wovon ich spreche. Seien Sie kreativ!

TIPP 3:

Zahlen haben Aussagekraft.
Wenn Sie Zahlen benutzen, um etwas zu beschreiben, dann erregen diese erhöhte Aufmerksamkeit.
Z.B. „Die fünf besten Profitipps für Ihre Elevator Pitch!"
Viele Menschen mögen auch Vergleiche oder Statistiken.

TIPP 4:

Die drei unwiderstehlichsten Themen sind Liebe, Geld und Gesundheit.
Wie können Sie diese hochinteressanten Themen in Ihr Geschäft, Ihre Elevator Pitch und Ihr Networking integrieren?

TIPP 5:

Die Macht der Pause!
Wenn Sie eine Frage mit einer Pause beantworten, langsam und pausiert sprechen, dann bekommt das Gesagte viel mehr Bedeutung.

Die besten, einfallsreichsten, ungewöhnlichsten und lustigsten Pitch-Sätze:

ALLGEMEIN:

„ICH BIN EINKOMMENSARCHITEKT."

„Wenn Du wüsstest was ich tue, dann möchtest Du es auch tun."

„Ich sorge dafür, dass die Menschen mehr Zeit zum Leben haben."

„Ich bin das Gegenteil von einer Spaßbremse."

„Ich vernetze Menschen, die noch Ziele im Leben haben."

„Ich bringe Menschen für eine große Sache zusammen."

„Ich bin Makler für Human Resources."

„Ich helfe Menschen dabei, ihre Ziele zu erreichen."

„Ich bin Life-Coach."

„Ich bin Einkommensdesigner."

„Ich rette die Welt und verdiene Geld dabei."

„Ich zeige Menschen, wie sie mit ihrem Hobby 500 Euro nebenbei dazu verdienen können."

„Ich helfe Menschen, sich das zu holen, was ihnen zusteht."

„Ich bin Problemlöser."

„Ich arbeite mit Leuten wie Dir zusammen."

„Meine Aufgabe bringt Menschen zusammen, um gemeinsam etwas aufzubauen."

„Ich bringe Menschen in eine bessere berufliche Ausgangsposition."

„Ich bin Kommunikator eines großen Unternehmens."

„Ich bin Fachmann für Win-Win-Situationen."

„Ich vertreibe exklusive Produkte an einen exklusiven Kundenkreis."

„Ich suche nach Partnern für ein großes Projekt im XY Bereich."

„Ich suche neuartige Wege, um eine Weltmarke in Deutschland zu etablieren."

„Wenn ich Ihnen das verrate, müssen Sie mir versprechen, sich 15 Minuten Zeit zu nehmen, um zu verstehen, was ich tue!"

„Ich sorge dafür, dass mich Menschen danach fragen was ich tue."

„Ich helfe Menschen zu leben."

„MEINE PRODUKTE ERHALTEN LEBEN."

„Ich arbeite für den besten Saftladen der Stadt."

„Ich sorge für ein gesundes Leben."

„Ich bin Ernährungswissenschaftler und helfe Menschen gesund und ohne Stress abzunehmen."

„Ich helfe Menschen dabei, gesund und ohne Hungern abzunehmen."

„Ich bin Wellness-Coach."

„Ich bin auf der Suche nach Wellness-Coaches."

„Ich unterstütze den Staat bei der Gesundheitsreform."

„Ich vertreibe den besten Saft der Welt!"

„Meine Produkte sorgen dafür, dass Deine Kinder nie mehr Gemüse essen müssen."

„Ich arbeite für eine Firma, die Menschen vor dem schädlichen Einfluss ihrer Umwelt schützt."

„Ich sorge für Gesundheit."

„Ich berate die Menschen kostenlos zu gesunder Ernährung mit Spaß."

„Ich sorge dafür, dass die Menschen doppelt so gesund sind als zuvor."

„Ich bin Vitalitätstrainer."

„Ich führe die Menschen in Versuchung."

„Ich sorge dafür, dass Menschen jünger aussehen, als sie eigentlich sind."

„Ich helfe Menschen wie Ihnen dabei, sich einfach besser zu fühlen."

„ICH VERKAUFE JEANS, DIE ZUM ANBEISSEN AUSSEHEN."

„Ich bringe die neuesten Trends zum halben Preis."

„Ich baue gerade ein Modeimperium auf."

„Ich suche Leute für den Aufbau eines Modelabels."

„Ich bin Partyveranstalterin."

„Ich verkaufe Apfelpopos."

„Ich vertreibe Jeans, die so schön sind, dass Sie jeder Frau passen."

„Ich verkaufe die schönsten Schuhe der Welt."

„Ich verkaufe etwas, worin Männer nicht laufen können."

„Ich bin Schuhfetischistin."

EINKAUFEN/SHOPPEN

„ICH BIETE MEHR LEISTUNG FÜR WENIGER GELD."

„Ich sorge dafür, dass Du nie wieder einkaufen gehen musst."

„Ich arbeite mit Deorollern, Brot und Vitaminen zusammen."

„Ich verdiene mein Geld damit, dass andere shoppen.
ich sorge dafür, dass die Menschen einfach günstiger einkaufen."

„Ich sorge dafür, dass (alte Menschen) nicht mehr bei Eis und Schnee vor die Tür müssen."

„Ich sorge dafür, dass Du eine halbe Stunde früher zu Hause bist."

„ICH BIN MEISTER PROPER, NUR MIT LÄNGEREN HAAREN."

„Ich sorge dafür, dass Du nur noch halb so oft putzen musst."

„Ich sorge dafür, dass sich Deine Freundinnen immer nur bei Dir treffen wollen."

„Ich bin nicht nur sauber, sondern rein. Willst Du auch?"

„Ich überzeuge Menschen davon, dass Hausarbeit Spaß macht."

„Ich zeige den Menschen, wie sie in der Hälfte der Zeit das Doppelte ihrer Hausarbeit erledigen können."

„Ich helfe Menschen, ihre Leidenschaft zum Putzen zu entwickeln."

SPIEL/FUN/LOTTO

„ICH BIN NEBENBERUFLICH GLÜCKSFEE."

„Ich verdiene mein Geld mit Glücksspiel, ohne zu spielen."

„Ich habe einen virtuellen Freizeitpark."

„Ich bin der Lottoking."

TIERNAHRUNG

„ICH VERSÜSSE TIEREN DAS LEBEN."

„Meine Produkte bringen Hunde und Katzen zum Lachen."

„Ich lade Hunde und Katzen zum Essen ein."

„Ich mache aus Hunden und Katzen Gourmets."

„Ich bin Katzenflüsterin."

„ICH VERKAUFE PRODUKTE, DIE MAN NICHT MEHR BEKOMMT, WENN MAN SIE AM DRINGENDSTEN BRAUCHT."

„Ich bringe Menschen wie dich in die eigenen vier Wände."

„Ich bin Finanzmarktcoach für Kleinanleger."

„Ich bin der einzige ehrliche Finanzberater."

„Ich verkaufe das, was keiner will, aber jeder braucht."

„Ich bin Immobiliencoach."

„Ich bin Headhunter für Quereinsteiger im Finanzbereich."

„Ich verkaufe sexy Altersvorsorgen."

„Ich verkaufe Altersvorsorge, in der man wohnen kann."

„Ich verkaufe Altersvorsorge, mit Keller und Dach."

„Ich sorge für Sorgenfreiheit."

„Ich bin Spezialist für Versicherungsfragen."

„Ich zeige Menschen, wie sie sich gegen finanzielle Krisen und Engpässe absichern können."

„Ich bin Sachverständiger für Altersvorsorge."

„Würde es Dich interessieren, aus ein Euro drei Euro zu machen, und das Ganze mit staatlicher Unterstützung?"

„Ich entlaste den Staat von einer Verantwortung, die er in 30 Jahren nicht mehr übernehmen kann."

WASSER

„ICH SORGE FÜR SAUBERES TRINKWASSER."

„Ich verkaufe Wasser, das genauso gesund ist wie Saft."

„Ich bin Wasserhändler."

„Ich mache klare Geschäfte."

„Ich sorge dafür, dass sich die Menschen kein Gift mehr über Trinkwasser zuführen."

INTERNET

„ICH FÜHRE MENSCHEN IN DIE WELT DES E-BUSINESS EIN."

„Ich zeige Menschen, wie sie mit Ihren täglichen E-Mails Geld verdienen können."

„Ich baue hier etwas für ein paar saudische Investoren auf."

KOSMETIK

„ICH MACHE DIE HAUT DER MENSCHEN SO WEICH WIE EINEN BABYPOPO."

„Ich sorge dafür, dass Du riechst wie ein Star."

„Ich sorge dafür, dass Du nie wieder allein nach Hause gehst."

„Ich bin Ölfaktorist."

„Ich sorge dafür, dass Menschen doppelt so gut aussehen."

„Ich biete Menschen die Gelegenheit, professionelles Makeup zum Einkaufspreis zu erwerben."

„Ich gehe auf den Lidstrich."

„Ich bin einer von den Pickelbustern."

„ICH VERKAUFE SCHMUCK, DER DIE MENSCHEN MAGNETISCH ANZIEHT."

„Ich biete günstigen Schmuck an, der so teuer aussieht, als könnte man ihn sich nicht leisten."

„Ich bin im Diamantengeschäft."

„Ich verkaufe den besten Freund der Frau."

„Ich verkaufe Energiespender."

„Ich arbeite für einen großen Energiekonzern im Schmuck-bereich."

„Ich bringe Menschen kostenlose Energie."

„MEINE EINZIGE AUFGABE IST ES, MENSCHEN SCHLANK UND GLÜCKLICH ZU MACHEN."

„Ich sorge dafür, dass FDH für immer verschwinden kann."

„Ich mache kostenlose Ernährungsberatung."

„Ich zeige Menschen, wie sie sich schlank und gesund essen können."

„Ich bin Diätsachverständige."

„Mein Job ist es, den Menschen zu zeigen, wie sie mehr essen können und weniger wiegen."

„Ich zeige Menschen, wie man abnimmt, ohne sich zu quälen."

„ICH BIN EINFACH GOLD WERT."

„Ich bin Sicherheitsberater im Goldgeschäft."

„Ich verkaufe Goldesel."

„Ich beschäftige mich mit den sichersten Wertanlagen der Welt."

„Ich zeige Menschen, wie sie in Krisen ihr Geld sicher anlegen können."

„Ich bin Krisencoach."

„Ich bin Sachverständiger für Goldanlagen."

Abschluss

„Ich wünsche Ihnen von ganzem Herzen unglaublichen Erfolg im Leben, Rückenwind bei all Ihren Vorhaben und stets Sonnenschein im Gesicht."

Ihr Alexander Riedl

Direktkontakt
Die Offenbarung eines Mythos!

Das Kontakter-Handbuch von 2BEKNOWN
Wie Sie immer und überall mit Spaß und Niveau
neue Geschäftspartner kennenlernen.

DER 2BEKNOWN BRANCHEN-BESTSELLER:

Wollen auch Sie immer und überall auf direktem Wege neue Geschäftspartner kennenlernen?

Dann kommen Sie am Branchen-Bestseller **„Direktkontakt-Die Offenbarung eines Mythos"** und den **2BEKNOWN Top-Trainern Rainer von Massenbach** und **Tobias Schlosser** nicht vorbei!

Rainer von Massenbach definiert den Direktkontakt für sich folgendermaßen:

„Direktkontakt ist die Fähigkeit, einen Menschen im öffentlichen Leben auf sehr stil- und niveauvolle Weise anzusprechen und ihn innerhalb von wenigen Minuten so für mein Geschäft zu begeistern, dass er mir seine Telefonnummer gibt und sich mit mir auf ein weiteres geschäftliches Treffen verabreden möchte."

Dieses Buch, welches das geniale 6-Stufen-Programm und viele weitere wertvolle Tipps aus ca. 80.000 Direktkontakten enthält, ist ein MUSS für alle Vertriebsmitarbeiter!

Bestellen können Sie das Buch unter:

WWW.2BEKNOWN.DE

Das Rekru-Tier

Geschichten aus dem Leben eines professionellen Direktkontakters (Paperback 98 Seiten)

DER 2BEKNOWN GEHEIMTIPP:

Im Jahr 1998 lernte Tobias Schlosser das Abenteuer Strukturvertrieb kennen und entwickelte sich in den darauf folgenden neun Jahren zum Vollblut-Kontakter und selbst ernannten „REKRU-TIER".

Sein Werdegang vom Vertriebs-Greenhorn zum Stützpunktleiter mit Personalverantwortung ist geprägt von unzähligen Erfahrungen und Erlebnissen, unmittelbar an der Basis. Sein gesammeltes Know-How gibt er in diesem einzigartigen Buch für jedermann absolut authentisch und praxisnah wieder.

Getrieben von der Magie der großen Expansion und fasziniert von den gigantischen Möglichkeiten im Network-Marketing kultivierte er insbesondere seine Fähigkeiten im Bereich der „Direktansprache" von neuen, potentiellen Geschäftspartnern.
Auf Grund der unglaublich positiven Resonanz auf das 2beknown Standardwerk „Direktkontakt - Die Offenbarung eines Mythos" legt er in seinem neuen Buch besonderen Wert auf die Darstellung seiner besten Kontakterlebnisse und spektakulärsten Geschichten unmittelbar aus der gelebten Vertriebspraxis. Alles in allem ist dieses Werk eine phantastische Bereicherung für alle Menschen die nach neuen Wegen im Bereich der Mitarbeitergewinnung suchen und zugleich eine Inspiration für jeden Networker!

Bestellen können Sie das Buch unter:

WWW.2BEKNOWN.DE

Direct recruiting
The relevation of a myth

(English, Paperback, 92 Pages)

2BEKNOWN (consulting contacts connections) offers new perspectives for everyone within marketing. 2BEKNOWN concentrates on the art of direct recruiting, in particular for MLM businesses.

Their motto: „We can show you how to generate contacts with fun and style – anytime and everywhere!"

The trainers Rainer von Massenbach and Tobias Schlosser are revealing knowledge gained in about 80.000 direct contacts.

You can order this book at:

WWW.2BEKNOWN.DE

Bibliografische Information der Deutschen Nationalbibliothek. Die Deutsche Nationalbibliothek verzeichnet diese Publikation in der Deutschen National- bibliografie; detaillierte bibliografische Daten sind im Internet über http://dnb.d-nb.de abrufbar.

Herstellung und Verlag:
Books on Demand GmbH, Norderstedt
ISBN: 978-3-8370-9506-7

Impressum:

2. Auflage

2BEKNOWN
2be GmbH
Oskar-von-Miller-Ring 33
80333 Munich
Germany

www.2beknown.de

Autoren: Alexander Riedl, Rainer von Massenbach, Tobias Schlosser

Gestaltung: www.phuongherzer.de